www.ingramcontent.com/pod-product-compliance
Lightning Source LLC
Chambersburg PA
CBHW080832310526
45788CB00020B/3437
9781523917716